TINY MOBILE HOMES. SMALL SPACE - BIG FREEDOM
© 2018 Instituto Monsa de ediciones.

First edition in 2018 by Monsa Publications, an imprint of Monsa Publications
Gravina 43 (08930) Sant Adrià de Besós. Barcelona (Spain) T +34 93 381 00 50
www.monsa.com monsa@monsa.com

Edition, concept and project director Anna Minguet. Art director Eva Minguet.
Layout and project's selection Patricia Martínez. (Monsa Publications)
Printed by Impuls 45. Translation by SOMOS Traductores.

ISBN: 978-84-16500-92-5
D.L. B 22555-2018

Cover image © Jason Francis
Back cover images © WW Wohnwagon GmbH, Kengo Kuma and Associates,
Krafty Photos

Order from:
www.monsashop.com

Follow us!
Instagram: @monsapublications
Facebook: @monsashop

TINY MOBILE HOMES
SMALL SPACE - BIG FREEDOM

monsa

Index

© Jason Francis

Introduction

More and more people prefer the simplicity of a small mobile home to enjoy nature instead of a conventional house. It's about swapping luxury for freedom.
These houses are built on a trailer so they can be transported and are more complete than a caravan, with a high quality design finish.
Among their benefits are reducing the environmental impact, their purchase price, maintenance costs, and the fact that they do not need any installation permission as is necessary with traditional homes.

Sometimes people like to escape their usual city routine to enjoy a different pace of life. To either have more time to enjoy life's small pleasures, or to explore new places and travel freely without having to think about accommodation. In this regard, small mobile homes are the best option.

Cada vez son más las personas que prefieren la simplicidad de una mini casa con ruedas para disfrutar de la naturaleza en lugar de una casa convencional. Se trata de cambiar el lujo por la libertad.
Estas casas están construidas sobre un remolque integrado en su estructura para poder moverlas. Son más completas que una caravana, con un diseño y acabados de gran calidad. Entre sus ventajas están el reducir el impacto medioambiental, su precio de compra, costes de mantenimiento, y que no necesitan ningún permiso de instalación respecto a una vivienda tradicional.

En ocasiones, la gente piensa en escapar de la rutina habitual de la ciudad y disfrutar de otro ritmo de vida distinto, ya sea para tener más tiempo de disfrutar de los pequeños placeres de la vida, o bien para conocer lugares nuevos y viajar libremente sin pensar en el alojamiento. En este sentido, las mini casas con ruedas se convierten en la mejor opción.

Wohnwagon

www.wohnwagon.at

Wohnwagon

Team: Theresa Steininger, Christian Frantal

Photos © WW Wohnwagon GmbH

15 - 30 m² | 161.45 - 322.91 sq ft

To create a momentum of change in an ever more resource-intense construction industry is their goal. To do so, their flagship projects show, how future living and suitable spaces could look like: Ecological, holistic and fully self-sustained closed loop system for water, nutrients and energy. To show these principals in action, they build the "WOHNWAGON" as a flagship project, which then went viral. Since then, they gained a lot of experience and started a planning department to bring this know-how to other applications: From self-sustained houses to larger accommodations projects to the design of whole settlements. On their website they share the knowledge about those projects open source and offer products related to self-sufficient and sustainable living. They hope to inspire the creation of other sustainable projects all around the world.

Su objetivo es crear un impulso de cambio en una industria de la construcción cada vez más intensa. Para hacerlo, sus proyectos emblemáticos muestran cómo podría ser la vida y los espacios adecuados en el futuro: Sistema de circuito cerrado ecológico, holístico y completamente autosostenible para agua, nutrientes y energía. Para mostrar estos principios en acción, construimos el "WOHNWAGON" como un proyecto emblemático, que luego se volvió viral. Desde entonces, ganaron mucha experiencia y comenzaron un departamento de planificación para llevar estos conocimientos a otras aplicaciones: Desde casas autosostenibles a proyectos de alojamiento más grandes, o el diseño de viviendas completas. En su web comparten el conocimiento sobre el código de estos proyectos y ofrecen productos relacionados con una vida autosuficiente y sostenible. Esperan ser inspiración para la creación de otros proyectos sostenibles en todo el mundo.

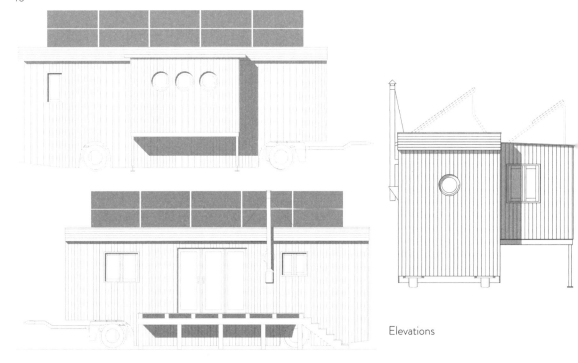

Elevations

The highly ecstatic and natural looking design – a smoothed front and back toped with a flat green roof, equipped with round windows give the WOHNWAGON an extraordinary optical notion as well as special energy of connectivity to the interior.

Diseño de aspecto muy aéreo y natural: un frente alisado y una parte posterior con un techo verde plano, equipado con ventanas redondas le dan a la WOHNWAGON una noción óptica extraordinaria, así como una energía especial de conectividad hacia el interior.

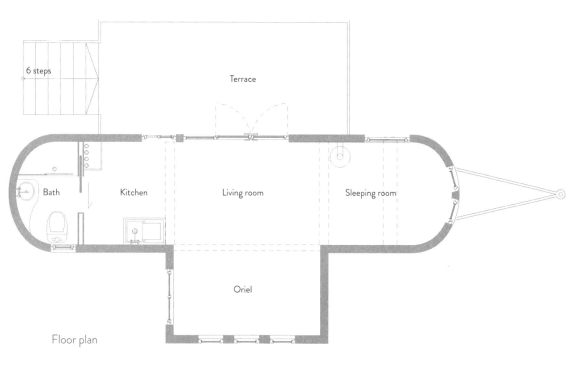

6 steps

Terrace

Bath

Kitchen

Living room

Sleeping room

Oriel

Floor plan

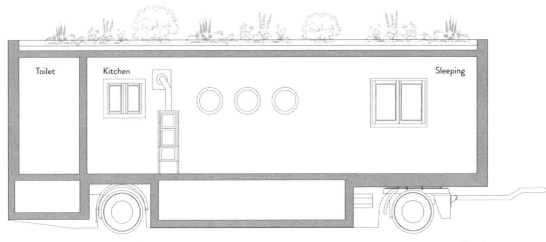

Section

The WOHNWAGON is nothing less then self-sustainability in a nutshell: Modern bio-technology combined with ancient knowledge. This small and natural living space can provide independence for you and your loved once thanks to a biological toilet (dry toilet), a closed water system and a remote photovoltaic installation.

En resumen, la WOHNWAGON no es otra cosa que autosostenibilidad: biotecnología moderna combinada con antiguos conocimientos. Este espacio pequeño y natural puede brindarle independencia a usted y a sus seres queridos, gracias a un inodoro biológico (seco), un sistema de agua cerrada y una instalación fotovoltaica.

Scandinavian Simplicity

www.tinyheirloom.com

Tiny Heirloom

Photos © Jason Francis

17.83 m² | 192 sq ft

24' Long _ 8'6" Wide _ 13'6" Tall

Their East Coast clients came with the desire to build a high-end vacation home for themselves and their baby. With multiple kids and newborns in the family currently they fully understood their needs and were very excited to bring their vision to life while incorporating all of their needs, dreams and desires into the design.

With a master loft with large windows and a opening skylight and a nursery room downstairs past the bathroom it provides the privacy for the parents and quite separate room for the babies naps.

Sus clientes de la Costa Este vinieron con el deseo de construir una casa de vacaciones de alta gama para ellos y su bebé. Con varios niños y recién nacidos en la familia, comprendieron totalmente sus necesidades y estaban muy entusiasmados de hacer realidad su proyecto al tiempo que incorporaban todas sus necesidades, sueños y deseos en el diseño.

Con un desván principal con grandes ventanas, un tragaluz con apertura y una sala-guardería en la planta baja, pasando el baño, brinda privacidad a los padres y ofrece una habitación bastante separada para las siestas de los bebés.

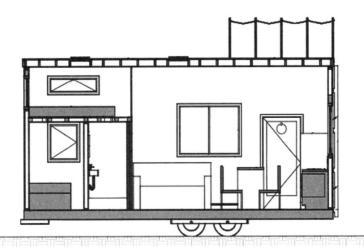

East section

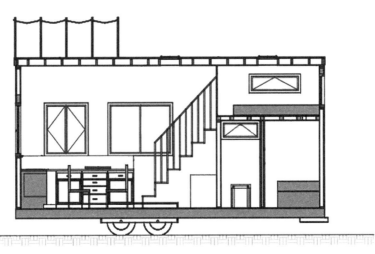

West section

Inspired by true Scandinavian design they sought to thread simplistic yet sophisticated elements throughout the design. Frameless plywood cabinets and concrete countertops hit this nail on the head. Cork floors and custom designed kitchen tile backsplash provide a unique aesthetic to the house while also bringing life to the design.

Inspirados en el verdadero diseño escandinavo, buscaron unir elementos simplistas pero sofisticados en todo el diseño. Los armarios de contrachapado sin marco y las encimeras de hormigón son elementos que definitivamente dan en el clavo. Los suelos de corcho y el azulejo protector contra salpicaduras de la cocina brindan una estética única a la casa a la vez que dan vida al diseño.

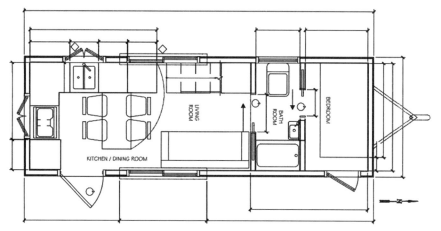

Floor plan

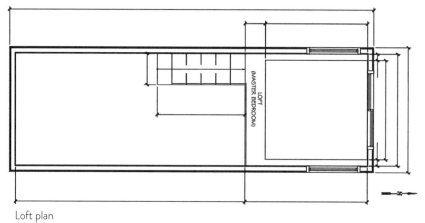

Loft plan

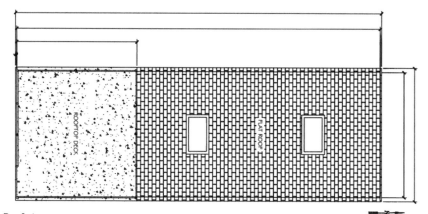

Roof plan

Cornelia Tiny House

www.newfrontiertinyhomes.com

New Frontier Tiny Homes

CEO & Founder: David Latimer

Photos © New Frontier Tiny Homes

23.22 m² | 250 sq ft

A writing studio, library, and guesthouse commissioned by international bestselling author Cornelia Funke. It is a simple, enduring, rustic-elegant classic. A living sculpture inside and out. It is made from only the best materials and craftsmanship available in the United States.

They name new custom designs after the person who commissions them (or whatever name that's important to them).

Their usual combination of natural light and tasteful interior lighting makes this home another sexy space in night or day.

LED lighting strips and valance lighting throughout the interior. All lights are dimmable.

There is a spacious loft with a king sized bed and a 270 degree view.

Un estudio, biblioteca y casa de invitados fue el encargo de la aclamada autora internacional Cornelia Funke. Es un clásico simple, duradero, rústico y elegante. Una escultura viviente por dentro y por fuera, hecha únicamente con los mejores materiales y mano de obra disponibles en Estados Unidos.

A los nuevos diseños se les da el nombre de la persona que los encargó (o cualquier nombre que sea importante para ellos).

Su combinación habitual de luz natural y elegante iluminación interior hace que este hogar sea un espacio atractivo de noche o de día.

Con tiras de iluminación LED e iluminación de cenefa en todo el interior, todas las luces son regulables.

Dispone de un amplio *loft* con una cama de matrimonio y una vista de 270 grados.

This home comes as the simple floor plan (as pictured on the website) or as a permanent residence with 2 separate bedrooms, dining room, living room, a full size bathroom, and comfortable space enough for 3.

Esta casa se presenta como un plano de planta simple (también se muestra en su web) o como una residencia permanente con 2 dormitorios separados, comedor, sala de estar, un baño completo y un espacio cómodo suficiente para 3.

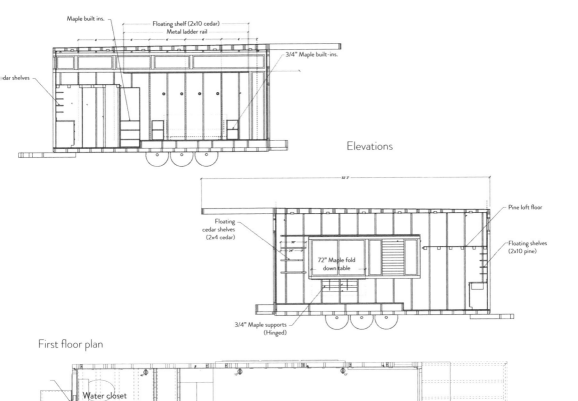

Maple built ins.

Floating shelf (2x10 cedar)
Metal ladder rail

3/4" Maple built-ins.

dar shelves

Elevations

Floating
cedar shelves
(2x4 cedar)

Pine loft floor

72" Maple fold
down table

Floating shelves
(2x10 pine)

3/4" Maple supports
(Hinged)

First floor plan

Water closet

Kitchen

Great room / Writing studio

Reclaimed hardwood floors, maple siding, custom stain and paint colors, drop down desk, floating cedar library shelves with rolling ladder, and our standard of a lot of natural light integrated with lighting design.

Suelos de madera reciclada, revestimiento de arce, colores personalizados de pintura, escritorio desplegable, estantes de biblioteca flotantes de cedro con escalera rodante y nuestro estándar de mucha luz natural integrada con luces de diseño.

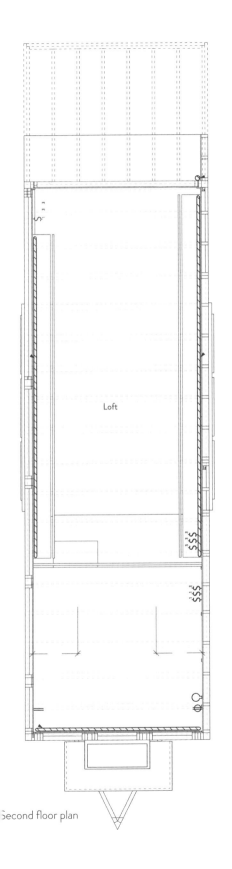

Second floor plan

Loft

Graduate Series 6000DLS

www.designerecohomes.com.au

Designer eco tiny homes

Photos © Designer Eco Tiny Homes

6m x 2.4m x 4.3m

This contemporary tiny home features a skillion (flat) roof line allowing for maximum height in the loft spaces. It also includes a king sized bed loft and storage shelf, single bed loft, storage stairs, ensuite bathroom, kitchen, lounge, dining, office/study desk, and ample storage. The lounge area has been design to allow for either standard furniture or a custom couch with storage drawers can be added. Solar power systems and wood fire heaters are also a popular feature worth adding to any tiny home. All lofts are fitted with openable skylight roof windows to add light and ventilation. Window positioning on both the ground floor and the loft create breeze paths to make the most of prevailing winds. Walls and ceiling are fully insulated and all windows are double glazed to maximise efficiency of the space. Metal storage bars have been added to the back of the entrance door that double as a ladder to the second loft while the main loft enjoys stairs that double as kitchen storage cabinets.

Esta mini casa cuenta con una cubierta hábil (plana) que permite una máxima altura en los espacios *loft*. Incluye un *loft* con cama de matrimonio y estanterías, *loft* para una cama individual, escaleras con almacenamiento, baño, cocina, sala de estar, comedor, escritorio/estudio y amplio espacio de almacenamiento. El área del salón ha sido diseñada para permitir agregar muebles estándar o bien un sofá personalizado con cajones. Los sistemas de energía solar y los calentadores de leña también son una característica popular que vale la pena añadir a cualquier mini casa. Todos los *lofts* están equipados con ventanas tragaluz en el techo que se pueden abrir. El posicionamiento de la ventana, tanto en la planta baja como en el *loft*, crea una ventilación para aprovechar al máximo la corriente de aire. Las paredes y el techo están completamente aislados, y todas las ventanas tienen doble acristalamiento para maximizar la eficiencia del espacio. Se han añadido barras de metal en la parte posterior de la puerta de entrada que funcionan como una escalera hasta el segundo *loft*, mientras que el *loft* principal cuenta con escaleras que sirven como armarios de cocina.

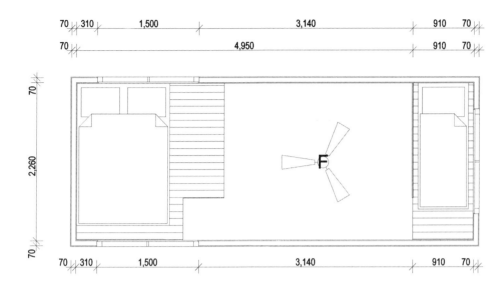

70 310 | 1,500 | 3,140 | 910 | 70

70 | 4,950 | 910 | 70

70

2,260

70

70 310 | 1,500 | 3,140 | 910 | 70

F

Loft plan

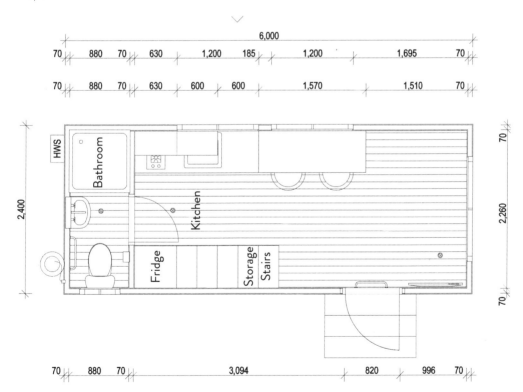

6,000

70 | 880 | 70 | 630 | 1,200 | 185 | 1,200 | 1,695 | 70

70 | 880 | 70 | 630 | 600 | 600 | 1,570 | 1,510 | 70

70

2,400

70

2,260

70

HWS

Bathroom

Kitchen

Fridge

Storage

Stairs

70 | 880 | 70 | 3,094 | 820 | 996 | 70

Ground floor plan

Sections

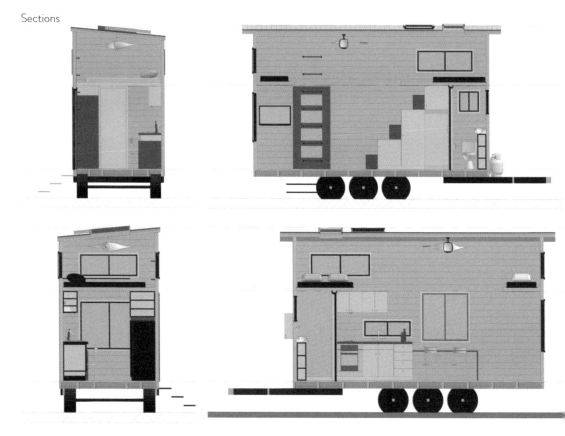

Modern Mountain House

www.tinyheirloom.com

Tiny Heirloom

Photos © Jason Francis

22.29 m² | 240 sq ft

30' Long _ 8'6" Wide _ 14' Tall

The Modern Mountain House was designed specifically as a secondary cabin dwelling on a beautiful property in southern Washington on the Columbia Gorge. Their clients desire was to have a tiny home that blended in with its surroundings and have a rustic yet cozy interior design.

The Exterior was designed to be modern yet natural. They achieved this by using a combination of flat black panels and clear grain cedar with a light stain. Designed to open up to the outdoors the French doors were placed strategically in the center of the house to create a smooth traffic flow as a deck will be built to accommodate the tiny house at its final destination. Outfitted with an outdoor shower system that sets this homes outdoor function on another level.

The interior design was inspired by modern mountain cabin aesthetics. They brought multiple design themes to the table to create a cozy modern cabin. A live edge walnut slab decorates the wall when folded up and creates a dining table for four when folded down. The spacious living room was designed with hospitality in mind and features a fireplace, rock surround and a remote controlled automated TV lift that slides from the living room up to the master loft.

La Modern Mountain House se diseñó específicamente como una vivienda secundaria en una hermosa propiedad en el sur de Washington, en Columbia Gorge. El deseo de sus clientes era tener una pequeña casa que se integrara en el entorno y tuviese un diseño interior rústico y acogedor.

El exterior fue diseñado para ser moderno pero natural. Lo lograron mediante el uso de una combinación de paneles planos de color negro y cedro de grano transparente con ligeras manchas. Las puertas francesas se colocaron estratégicamente en el centro de la casa para crear un flujo de tráfico uniforme, ya que se construirá una plataforma para acomodar la mini casa en su destino final. Cuenta también con un sistema de ducha al aire libre. El diseño interior está inspirado en la estética moderna de una cabaña de montaña. Presentaron varios diseños para crear una cabaña moderna y acogedora. Una tabla de nogal vivo decora la pared cuando se pliega hacia arriba y crea una mesa de comedor para cuatro cuando se inclina hacia abajo. La espaciosa sala de estar fue diseñada de forma acogedora, y cuenta con una chimenea rodeada de piedras y un elevador de TV automatizado y controlado a distancia que se desliza desde la sala de estar hasta el *loft* principal.

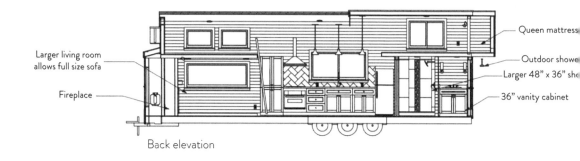

Larger living room allows full size sofa

Fireplace

Queen mattress

Outdoor showe[r]

Larger 48" x 36" sho[wer]

36" vanity cabinet

Back elevation

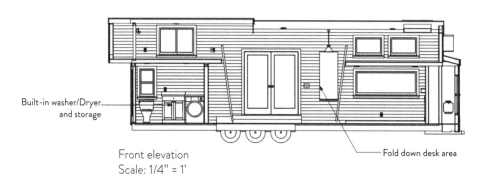

Built-in washer/Dryer and storage

Front elevation
Scale: 1/4" = 1'

Fold down desk area

The kitchen and bathroom carry the same aesthetic through each space and utilize cool color tones and high-end finishes like quartz countertops and a fully tiled shower. Storage is built in everywhere possible and with a secondary loft for extra guests or kids this house is setup to accommodate nearly every lifestyle.

La cocina y el baño tienen la misma estética en cada espacio, y utilizan tonos de color frescos y acabados de alta gama como encimeras de cuarzo y una ducha totalmente alicatada. El almacenamiento está integrado en todas partes y, equipada con un *loft* secundario para invitados o niños, esta casa está configurada para adaptarse a casi todos los estilos de vida.

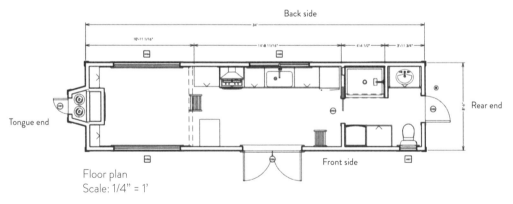

Back side

Tongue end

Rear end

Floor plan
Scale: 1/4" = 1'

Front side

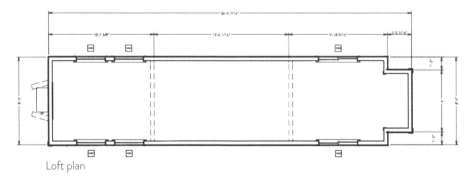

Loft plan

Escher Tiny House

www.newfrontiertinyhomes.com

New Frontier Tiny Homes

CEO & Founder: David Latimer

Photos © New Frontier Tiny Homes

30.19 m² ‖ 325 sq ft

Like our Alpha Tiny House, The Escher Tiny House has reinvented the studio tiny house model with its modern aesthetics and radically open-profile adapted into a spacious family home. This modern, luxury, two bedroom tiny home is very spacious with two bedrooms and a total of seven distinct spaces. It never feels tiny!

On one end of the home is the master bedroom, which sits on the 7.5' gooseneck. This large room has over a 6' ceiling clearance and space enough for a king sized bed. The loft on the other end of the house a separate space for a child or guest. Below the loft sits a beautiful luxury bathroom with a full sized custom tile shower and a walk-in closet on the way to the great room is an office/hallway. It's unmistakable design and composition from only the best, natural materials on the market. The Escher Tiny House shows that downsizing can also mean upgrading. All of it finished with a sexy, contemporary, sophistication.

Igual que la mini casa Alpha, la casa Escher ha reinventado el concepto de mini casa con su estética moderna y su perfil radicalmente abierto, adaptado a una espaciosa casa familiar. Esta moderna y lujosa casa es muy espaciosa, con dos habitaciones y un total de siete espacios distintos. ¡No le parecerá tan pequeña! En un extremo de la casa está el dormitorio principal, que está integrado en la conexión de 2,28 m. Esta gran habitación tiene más de 1,8 m de altura hasta el techo, y espacio suficiente para una cama de matrimonio. El *loft* en el otro extremo de la casa es un espacio separado para un niño o un invitado. Debajo del *loft* se encuentra un precioso baño de lujo con una ducha completa de azulejos personalizada y un vestidor accesible, y de camino a la gran sala hay una oficina/vestíbulo. Es un diseño inconfundible y una composición que solo cuenta con los mejores materiales naturales del mercado. La mini casa Escher es la prueba de que una reducción de tamaño también puede significar una mejora. Todo ello acabado con una atractiva y contemporánea sofisticación.

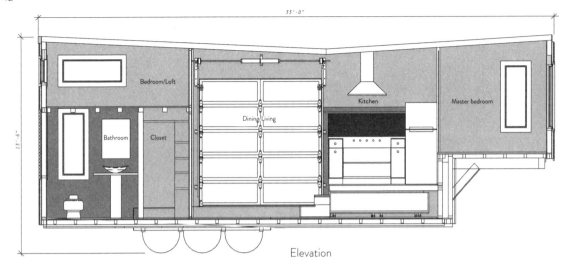

33'-0"

13'-6"

Bedroom/Loft

Bathroom

Closet

Dining/Living

Kitchen

Master bedroom

Elevation

The Escher maximizes natural light and integrates it with elegant, robust lighting design. The home eliminates the boundaries between indoor and outdoor space. Each room feels full size with such features as a king sized bed in the loft, chef's kitchen, spacious great room with an 8 person dining set, full size jacuzzi and a his and hers vanity.

La Escher optimiza la luz natural y la integra con un diseño de iluminación elegante y robusto. La casa elimina los límites entre el espacio interior y exterior. Cada espacio parece de mayor tamaño, con características tales como una cama de matrimonio en el *loft*, cocina en isla, amplia y espaciosa, comedor para 8 personas, jacuzzi completo y un tocador.

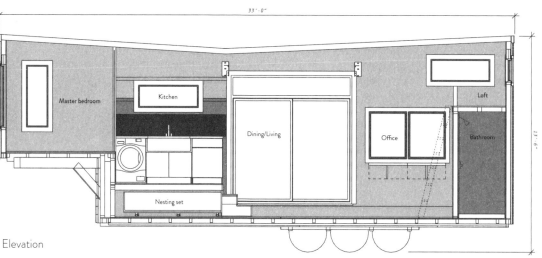

33'-0"

Master bedroom

Kitchen

Dining/Living

Nesting set

Office

Loft

Bathroom

13'-6"

Elevation

This bright airy house was designed for hosting friends and family for delicious meals seated at a custom eight person dining table that doubles as additional storage. The modified layout and bedrooms on opposite ends of the home make it the perfect solution for a modern family.

Esta espaciosa y luminosa casa fue diseñada para recibir a amigos y familiares, y así disfrutar de deliciosas comidas en torno a una mesa de comedor personalizada para ocho personas, que funciona como espacio adicional de almacenamiento. Su diseño y las habitaciones en los extremos opuestos la convierten en la solución perfecta para una familia moderna.

The spacious kitchen includes a 33" farmhouse sink, a 11 cu ft. fridge, a hidden cabinet dishwasher and porcelain countertops. The Escher Tiny House can run off of a 50 amp grid tied system but can easily be outfitted for fully off the grid living. It utilizes a tankless hot water heater and a mini split HVAC, and spray foam insulation to keep you warm when it's cold and cool when it's hot.

La amplia cocina incluye un amplio fregadero de 33", una nevera de 11 pies cúbicos, un lavavajillas oculto y encimeras de porcelana. La casa Escher puede abastecerse de un sistema conectado a la red de 50 amperios pero puede equiparse fácilmente para vivir completamente independiente de la red. Utiliza un calentador de agua sin tanque y una mini calefacción y aire acondicionado (HVAC), además de aislamiento con espuma en espray para mantenerla caliente cuando hace frío y fresca cuando hace calor.

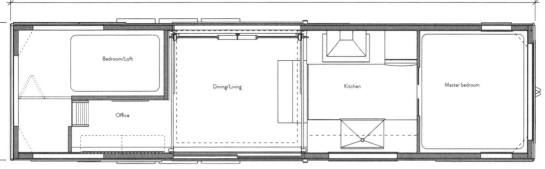

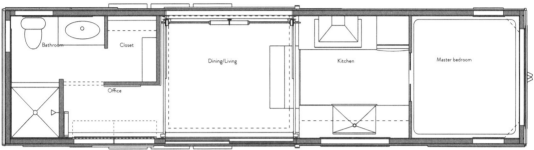

Floor plans

Drake

www.landarkrv.com

Land Ark RV - Brian and Joni Buzarde

Photos © Jeremy Gudac

33.16 m² ‖ 357 sq ft

Land Ark RV was founded by Brian and Joni Buzarde. They designed, built and have lived in their own tiny house RV since 2012. This DIY prototype named Woody has served as a home as well as a continuous beta test to fine-tune Land Ark's professionally built 2018 models.

Their latest model, Drake, is an evolved take on the "ark" shape first seen on Woody. A sleek, black corrugated exterior constrasts a light, white washed pine interior. Double sleeping lofts and a main level flex room allow for three beds. A full kitchen, large bartop, washer / dryer combo and full-size bathroom featuring a standard tub, vanity and toilet make living in Drake equal to a high-end condo.

14 windows and an 8' full light entry door soak the interior in natural light and let you take in the views of whatever landscape you choose to park in.

Land Ark fue fundada por Brian y Joni Buzarde. Diseñaron, construyeron y vivieron en su propia mini casa desde 2012. Este prototipo "hazlo tu mismo" y llamado Woody ha servido como hogar, y también como prueba beta contínua para configurar los modelos de Land Ark de 2018 construidos profesionalmente. Su último modelo, Drake, es una versión evolucionada de la forma "ark" vista por primera vez en la Woody. Un elegante exterior corrugado en color negro contrasta con un interior de pino blanco. Los *lofts* dormitorios dobles y una sala flexible en el nivel principal permiten tener tres camas. Una cocina completa, una gran encimera, combinación de lavadora/secadora y baño completo con bañera estándar, tocador e inodoro hacen que vivir en Drake sea igual que estar en un apartamento de lujo. 14 ventanas y una puerta de entrada de luz completa de 2,4 m bañan el interior con luz natural y permiten disfrutar de las vistas del paisaje donde se elija aparcar.

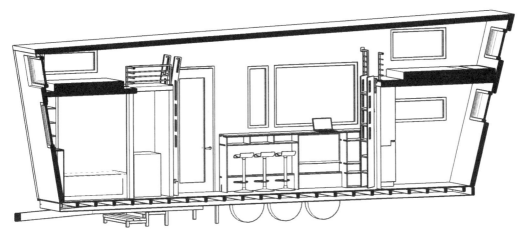

Section

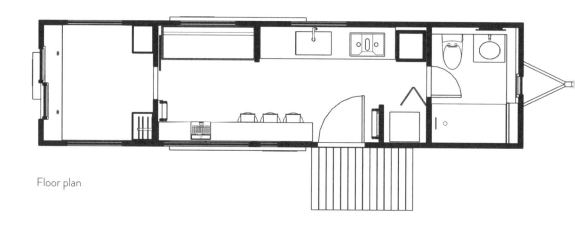

Floor plan

Home of Zen

www.tinyheirloom.com

Tiny Heirloom

Photos © Jason Francis

17.83 m^2 ‖ 192 sq ft

20' Long _ 8'6" Wide _ 13'6" Tall

Their clients Dave and Doreen came with the need of a space for hospitality as well as a passive income generating investment that they can rent out while not in use for friends or family. Located just outside Malibu, CA in the hills they wanted a modern, mountainous and relaxing aesthetic both on the exterior and interior.

Flat black panels and clear grain exterior cedar tongue and groove siding set the standard for this homes design aesthetic. A rooftop deck tops it all creating outdoor living space while enjoying the view of the mountains.

A unique back side entrance to the master loft creates an open and private space with lots of big windows and a backlit himalayan pink salt accent wall adds a relaxing touch to the space.

Sus clientes, Dave y Doreen, acudieron con la necesidad de un espacio para hospedarse, así como una inversión pasiva generadora de ingresos que pudiesen alquilar a familiares y amigos mientras no estuviesen haciendo uso de ella. Situada en la colina a las afueras de Malibú (California), buscaban una estética moderna, de montaña y relajante tanto en el exterior como en el interior.

Los paneles negros y el revestimiento de lengüeta y ranura de cedro exterior de grano transparente establecen el estándar para el diseño de este hogar. Una cubierta en la azotea la corona, creando un espacio de vida al aire libre mientras se disfruta de la vista de las montañas. Una entrada trasera única al *loft* principal crea un espacio abierto y privado con muchas ventanas grandes, y una pared de aspecto de sal rosa del Himalaya retroiluminada aporta un toque relajante al espacio.

Inside the large glass french doors you'll find yourself in the living room. With a spa like bathroom to your left and a drop down galley kitchen on your right. A table and chairs slide out from the stairs to create a place to dine yet not taking up space when not in use.

Al otro lado de las grandes puertas de vidrio francés se encuentra la sala de estar. A la izquierda, un spa y baño, y a la derecha el área de cocina. Una mesa y unas sillas se deslizan desde las escaleras para crear un lugar donde cenar, sin ocupar espacio mientras no se estén utilizando.

Swallowtail

www.tinyhousecompany.com.au

The Tiny House Company

Photos © The Tiny House Company

7.2m x 2.4m

In response to Australia's expensive construction costs and limited diversity of housing stock, the 'Swallowtail' tiny house is designed to adapt to various uses, from off-grid studio to permanent home and anything in between.

It achieves this through a stripped-back core that can be added to with modular, affordable and readily available joinery units to suit its use. All possible furniture and joinery arrangements fit within a cohesive master plan which allows for expansion and rearrangement of the space.

Long views out through the generous and carefully located windows provide ample cross-ventilation and a spacious feel to the compact space.

En respuesta a los elevados costes de construcción en Australia y la limitada diversidad de viviendas, la pequeña casa 'Swallowtail' está diseñada para adaptarse a diversos usos, desde un estudio no dependiente de la red hasta un hogar permanente.

Lo logra a través de un núcleo desmontable que se puede agregar con unidades de carpintería modulares, asequibles y fácilmente disponibles para adaptarse a su uso. Los posibles muebles y cambios en la carpintería encajan dentro de un plan maestro cohesionado que permite la expansión y reordenación del espacio.

Las amplias vistas a través de las generosas y cuidadosamente ubicadas ventanas brindan una amplia ventilación cruzada y una sensación espaciosa al compacto espacio.

Doors and windows are carefully located to maximise cross-ventilation, all walls and roof are well insulated, and our durable and low-maintenance cladding and flashing is installed meticulously to ensure the house retains a water tight seal at all times.

Las puertas y ventanas están ubicadas cuidadosamente para maximizar la ventilación cruzada, todas las paredes y el techo están bien aislados, y el resistente revestimiento y vierteaguas de bajo mantenimiento se instalan meticulosamente para garantizar que la casa tenga siempre un aislamiento hermético.

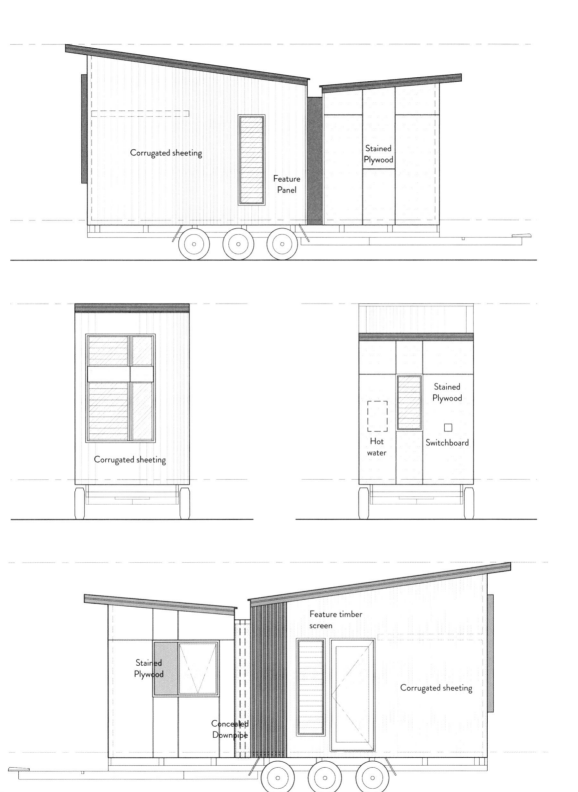

Corrugated sheeting

Feature
Panel

Stained
Plywood

Corrugated sheeting

Stained
Plywood

Hot
water

Switchboard

Stained
Plywood

Feature timber
screen

Concealed
Downpipe

Corrugated sheeting

Elevations

Externally, the textured ply cladding and corrugated metal sheeting provide a durable and modern form using a typically Australian palette of materials.
The result is a deliberately simple yet carefully-considered home that is 1/10th of Australia's median house price and 1/13th of the median floor area.

Externamente, el revestimiento de capas texturizadas y las láminas de metal corrugado proporcionan una forma duradera y moderna con una gama de materiales típicamente australiana.
El resultado es una casa deliberadamente simple pero cuidadosamente considerada, que cuesta 1/10 parte del precio medio en relación a una casa en Australia y 1/13 de la superficie media.

Sections

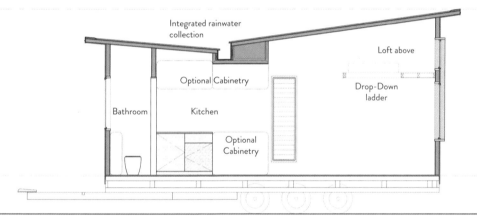

Integrated rainwater collection

Optional Cabinetry

Loft above

Drop-Down ladder

Bathroom

Kitchen

Optional Cabinetry

Loft above

Drop-Down ladder

Integrated rainwater collection

Kitchen

Bathroom

Optional Cabinetry

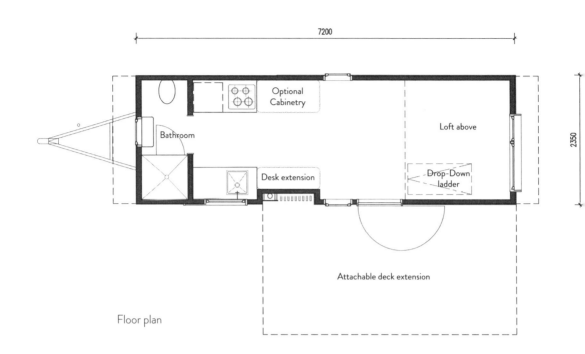

7200

2350

Optional
Cabinetry

Bathroom

Loft above

Desk extension

Drop-Down
ladder

Attachable deck extension

Floor plan

This model features a butterfly roof (hence the name 'Swallowtail') with an integrated box gutter and downpipe for easy connection and water collection, all hidden from view beside the feature Paulownia timber screen. Textured ply cladding and corrugated sheeting make up most of the exterior.

You can add storage, shelving, optional window/ door upgrades and additions, awnings, a planter box, higher-end fixtures and additional cabinetry.

Este modelo presenta un techo de mariposa (de ahí el nombre "Swallowtail" -cola de golondrina-, un tipo de mariposa) con un canalón integrado y una bajante para facilitar la conexión y la recogida de agua, todo ello escondido junto con la función de pantalla de madera Paulownia. El revestimiento de capas con textura y las láminas corrugadas conforman la mayor parte del exterior.

Se puede añadir almacenamiento, estanterías, mejoras y ampliaciones opcionales para ventanas/ puertas, toldos, jardinera, accesorios de alta gama y armarios adicionales.

Tiny Adventure Home

www.tinyheirloom.com

Tiny Heirloom

Photos © Tom Baker

27.87 m² ‖ 300 sq ft

24' Long _ 8'6" Wide _ 14' Tall

A young adventurous couple who love fitness, adventure and being outside came to them to create the ultimate adventure house. Together, they had a vision of a mobile home that contained adventure wherever it went. Designing the home with this in mind guided them to create something quite unique. An incorporated rock wall was always a project they wanted to do and now they found the perfect fit for it. Custom molded to the exterior architecture of the house it truly fits like a glove and truly resembles a natural rock wall. They used the glass garage door to bring the outdoors in as well as add a slight industrial vibe to the aesthetic.

Outfitted with a full solar system with A/C and a rooftop deck this house is ready for adventure wherever you decide to go.

Una joven pareja de aventureros a la que le encanta el *fitness*, acudió a ellos para crear la mejor casa de aventuras. Juntos tuvieron la visión de una casa móvil que contuviese una aventura donde quiera que fuese. Diseñar el hogar con esto en mente les guió a la hora de crear algo bastante único. Un muro de escalada incorporado fue siempre un proyecto que querían llevar a cabo y ahora es la casa perfecta para ello. Moldeado según la medida de la arquitectura exterior de la casa, se adapta realmente como un guante y se asemeja a una pared de roca natural. Utilizaron una puerta de garaje en cristal para iluminar el interior, y añadir un ligero toque industrial a la estética.

Equipada con una instalación solar completa con aire acondicionado y una terraza en la azotea, esta casa está lista para la aventura donde quiera que esté.

A custom chandelier with hanging lights, glass garage door, split living space with office above and dining nook below make up the living room. An automated dining nook that functions as a dining table when raised and with a push of a buttonlowers to become a king size bed.

Una lámpara de araña personalizada, la puerta de garaje de cristal, y un espacio dividido en un estudio en la parte superior mas un rincón para comer en la parte inferior, conforman la sala de estar. Un rincón comedor automatizado que funciona como una mesa de comedor cuando se eleva y se convierte en una cama de matrimonio.

Graduate Series 6000DLP

www.designerecohomes.com.au

Designer eco tiny homes

Photos © Designer Eco Tiny Homes

6m x 2.4m x 4.3m

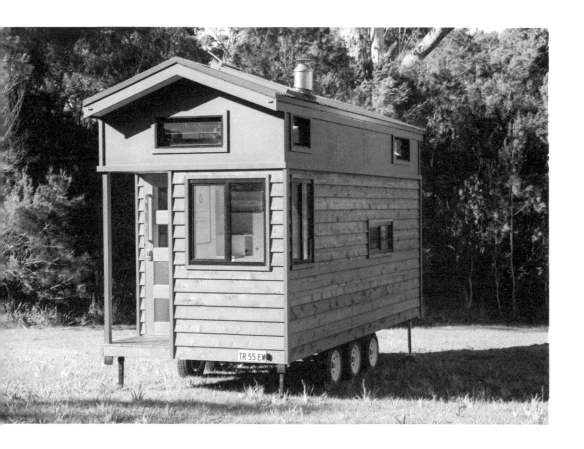

This tiny home offers a built in porch for its front entrance. Storage stairs to the main king sized bed loft, and ladder on the back of the entrance door to the second loft are some great features of this tiny home. Also fitted with an ensuite bathroom, kitchen, lounge, dining, office/study desk, and ample storage. Openable skylight roof windows enable natural lighting and ventilation, along with louvered windows to all sleeping loft areas. This tiny is also fitted with a solar power system for the lights and a plug in 240v power system. For heating it has been fitted with a wood-fire heater on a ceramic base and feature pressed metal heat shield. Natural Australian hardwood timber to the kitchen benchtops brings out a charming and cozy feel.

Esta mini casa ofrece un porche incorporado para su entrada principal. Las escaleras con almacenaje hacia el *loft* principal con cama de matrimonio y la escalera en la parte posterior de la puerta de entrada hacia el segundo *loft* son algunas de las características de esta mini casa, equipada también con baño, cocina, sala de estar, comedor, despacho/estudio y amplio espacio de almacenamiento. Sus ventanas cenitales con tragaluz y aperturas permiten una iluminación y ventilación natural, junto con ventanas de celosía en todas las áreas para dormir. Esta mini casa también está equipada con un sistema de energía solar para las luces y un enchufe en el sistema de alimentación de 240v. Para calentar, se ha equipado con un calentador de leña sobre una base de cerámica y cuenta con un protector térmico de metal prensado. La madera noble natural australiana para las encimeras de la cocina brinda una sensación encantadora y acogedora.

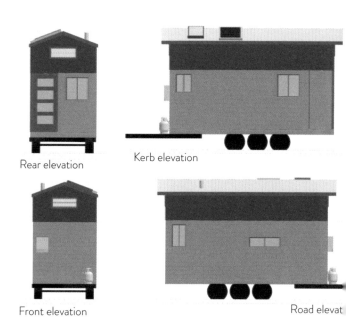

Rear elevation

Kerb elevation

Front elevation

Road elevat

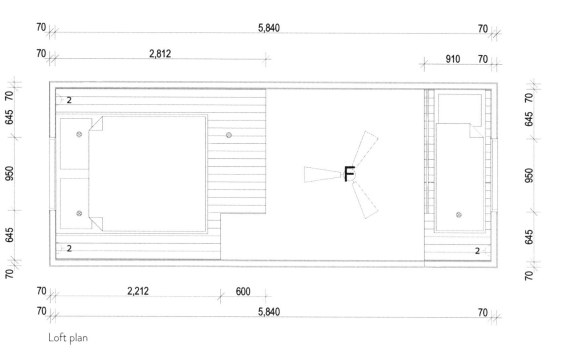

Loft plan

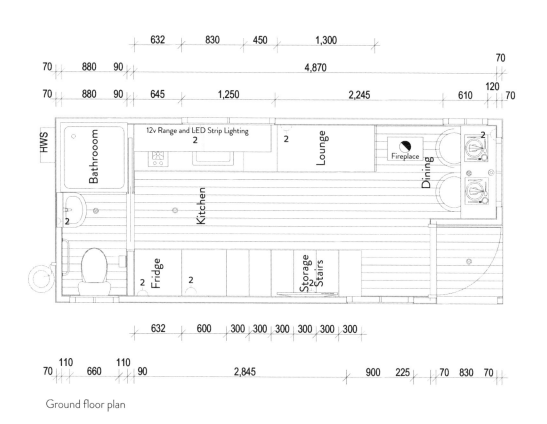

Ground floor plan

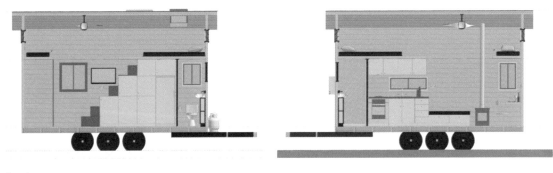

Sections

Live / Work Tiny Home

www.tinyheirloom.com

Tiny Heirloom

Photos © Jason Francis

17.83 m² ‖ 192 sq ft

24' Long _ 8'6" Wide _ 13'6" Tall

Their clients for this project came with the vision for a tiny home they could live in while also functioning as the headquarters for their start up business, a ecological and sustainable fashion brand. So, incorporating a home office in the home was essential but they also wanted the tiny home to feel homey and fresh to inspire them. Together, they designed large windows into the home to let bright natural sunlight fill the rooms while also maintaining an open floor plan by utilizing a bookshelf divider instead of a full wall to separate the office. To top it all off, pun intended, they installed solar powered skylights and built a rooftop deck on top of the tiny house to create a space where the couple could take a break and get some fresh air while being inspired by the world around them.

Para este proyecto, sus clientes acudieron con la visión de una pequeña casa en la que pudieran vivir y que también funcionara como la sede de su nueva empresa, una marca de moda ecológica y sostenible. Para ello, incorporar una oficina en el hogar era esencial, pero también querían que la pequeña casa resultase acogedora y fresca para que les aportase inspiración. Juntos, diseñaron las grandes ventanas para dejar que la luz natural iluminase las habitaciones y, al mismo tiempo, mantener un plano de planta abierto mediante el uso de una estantería que separase el espacio hogareño de la oficina, en vez de utilizar una pared completa. Y para rematarlo, instalaron tragaluces con energía solar y construyeron una terraza en la azotea para crear un espacio donde la pareja pudiese descansar y tomar un poco de aire mientras se inspira con el mundo que les rodea.

This project had a particular focus on sustainable materials so they sourced bamboo cabinets, recycled teak from Indonesia and powered by a robust solar system kept their home true to the mission and vision of their company and personal beliefs.

Este proyecto tenía un enfoque particular en materiales sostenibles, por lo que se instalaron armarios de bambú, teca reciclada de Indonesia, y se alimenta con un potente sistema solar, gracias al cual la casa se mantiene fiel a la visión de la empresa del propietario y de sus creencias personales.

Into his noteworthy features there are: Rooftop Deck w/ Faux 100% Recycled Grass, Solar Powered Tiny Home, Solar Powered Skylights w/ Rain Sensors, Recycled Teak Accent Walls, and Freestanding Tub.

Entre sus características destacables se encuentran: Superficie de la azotea con falsa hierba reciclada al 100%, alimentación de la casa con energía solar, claraboyas con energía solar y con sensores de lluvia, paredes de teca reciclada, y bañera independiente.

Portal

www.tinyhousecompany.com.au

The Tiny House Company

Photos © The Tiny House Company

18m² internal ⧘ 193.75 sq ft

10m² deck ⧘ 107.63 sq ft

'PORTAL' is the flagship design of The Tiny House Company, featuring high-end detailing and fixtures, a modular demountable deck system, a custom-designed retractable bed and custom cabinetry between a grid of 'portal' frames.

This design has been featured in an array of online and print magazines, formed the basis of public lectures, radio and film interviews, and travelled up and down Southeast Queensland for open house events including Woodford Folk Festival.

Making the most out of our 18 square metres of floor area has relied on two key strategies and a whole lot of careful detail decisions.

Continuous sight lines through the length and width of the house help to provide a spacious feel. Doors and windows are aligned to lead the eye through the house and out to the surrounding garden and provide very effective cross-ventilation and stack ventilation (through the high louvres). With correct design, small spaces such as this can be passively heated and cooled in an instant.

'PORTAL' es el diseño estrella de la empresa The Tiny House Company. Presenta detalles y accesorios de alta gama, un sistema modular de plataformas desmontables, una cama plegable de diseño personalizado y armarios personalizados entre una estructura de marcos 'portal'.

Este diseño ha aparecido en una variedad de revistas impresas y online, formó la base de conferencias públicas, entrevistas para radio y cine, y viajó por todo el sudeste de Queensland para eventos de puertas abiertas, incluido el Woodford Folk Festival.

El máximo aprovechamiento de los 18 m² de superficie se ha basado en dos estrategias clave y una gran cantidad de cuidadosas decisiones detalladas. Las líneas de visión continuas a lo largo y ancho de la casa ayudan a proporcionar una sensación de amplitud. Las puertas y ventanas están alineadas para guiar la vista desde la casa hacia el jardín circundante, además de proporcionar ventilación cruzada y ventilación de chimenea muy efectiva (a través de las rejillas altas). Con el diseño correcto, los espacios pequeños como este se pueden calentar y enfriar pasivamente en un instante.

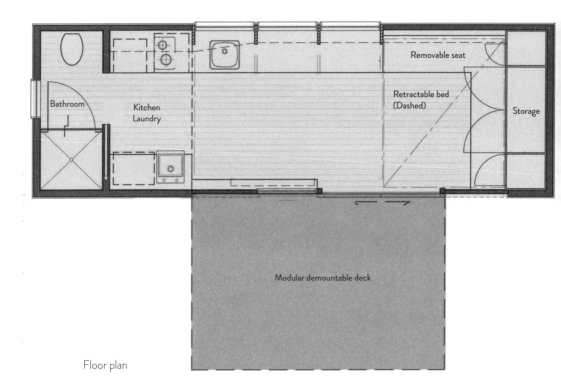

Removable seat

Bathroom

Kitchen
Laundry

Retractable bed
(Dashed)

Storage

Modular demountable deck

Floor plan

Continuous hardwood flooring and a flush set cavity sliding door tie the bathroom in with the rest of the house. With the door open it becomes an extension of the main space, maintains clean lines and an open feel that is so essential to compact spaces.

Los suelos de madera noble contínua y una puerta corredera con cavidad de descarga unen el baño con el resto de la casa. Con la puerta abierta se convierte en una extensión del espacio principal, mantiene líneas limpias y da una sensación de apertura que es tan esencial para espacios compactos.

How do you deal with every function of a house competing for 18 square metres of floor space? By combining two spaces into one. Not a fan of pokey loft beds? Our retractable bed has 3m of headroom by night and floats over a 2.4m lounge space by day. Controlled wirelessly by remote, this bed needs no folding, no packing away... you don't even have to make the bed. Out of sight, out of mind.

¿Cómo maneja todas las funciones de una casa que compite por 18 metros cuadrados de espacio? Pues combinando dos espacios en uno. ¿Es fan de las camas altas? Nuestra cama plegable tiene 3 m de altura por la noche y flota sobre un espacio de 2,4 m en el área común durante el día. Controlada de forma inalámbrica por control remoto, esta cama no necesita plegado, ni empaquetado... ni siquiera tendrá que hacerse la cama. "Ojos que no ven, corazón que no siente".

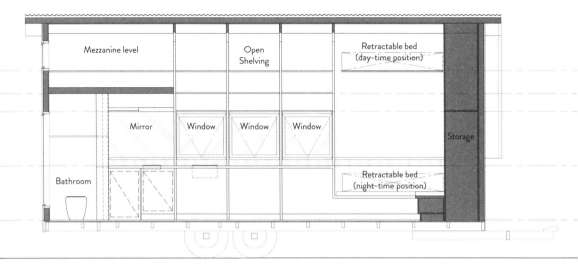

Mezzanine level		Open Shelving		Retractable bed (day-time position)	
	Mirror	Window	Window	Window	Storage
Bathroom				Retractable bed (night-time position)	

Section

The Crow

www.blackbirdtinyhomes.com

Blackbird Tiny Homes

Photos © Blackbird Tiny Homes

Width: 8'5" - Height: 13' 5"

20.43 m² ǀǀ 220 sq ft approx.

The Crow is built on a 24' trailer (standard) and has a combined sq footage of 220 for both upper bedroom and main floor area. They can be built to other lengths, and up to 35' (bumper pull).

Starting at the front of the home, we have the exterior propane storage which has 2 - 30lb propane tanks. By going with larger tanks than most tiny homes, you're propane will last 1/3 longer than typical BBQ size tanks.

On the inside and starting at the rear, we have the main living/lounge area w/ the upper bedroom above. 4x4 cedar beams are exposed and fitted with LED lighting. There is a small eating/work table for 2. Between the living space and bathroom is the kitchen with standard Ikea cabinets - both upper and lower, full size apartment fridge (11.7 cu ft approx), propane range w/ oven, fume hood, double sink and a utility/ storage closet. Other options include washer or washer/dryer and wood stove.

The Crow está construida sobre un remolque de 7,3m (estándar) y tiene una superficie total de 20,43 m². Se pueden construir en otras longitudes y hasta 35' (tracción del parachoques). Comenzando en la parte delantera de la casa, tenemos el almacenamiento de propano exterior con tanques que contienen de 2 a 30 libras. Al usar tanques más grandes que la mayoría de las casas pequeñas, su propano durará 1/3 más que los tanques de tamaño estándar.

En el interior, y comenzando en la parte trasera, tenemos el salón/comedor principal con el dormitorio superior. Las vigas de cedro 4x4 están expuestas y equipadas con iluminación LED. Hay una pequeña mesa para comer/trabajar para dos. Entre la sala de estar y el baño se encuentra la cocina con armarios estándar de Ikea, nevera de tamaño completo (11.7 pies cúbicos aproximadamente), estufa de propano con horno, campana extractora de humos, fregadero doble y armario utilitario. Otras opciones incluyen lavadora o lavadora/secadora y estufa de leña.

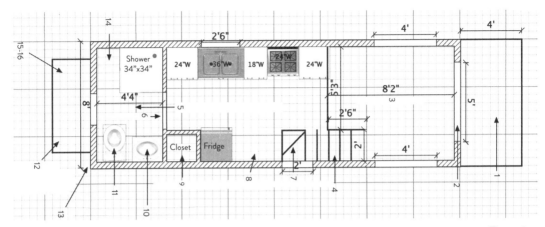

Floor plan

1. Rear Flip Up Deck (optional)
2. Sliding Patio Door - 60" (optional)
3. Upper Bedroom Loft
4. Under Stairs: Storage
5. Below & Above Bathroom Storage
6. Pocket Door
7. Stair Landing
8. Wood Stove
9. Water & Electrical Hookups Electrical Panel Storage

10. Vanity w/ Medicine Cabinet
11. Composting Toilet (Option)
12. Gas Generator On slide outs (optional) 20 litre / 5 Gallon Gas Can (with generator option)
13. Corner Jacks
14. Elevated bathroom floor Grey & Fresh water tanks on demand hot water heater RV propane furnace Batteries for Solar (optional)
15. 2-3 lbs propane tanks
16. Inverter/Charger (optional)

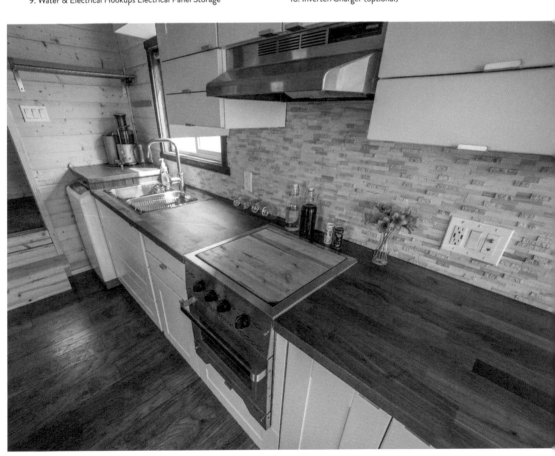

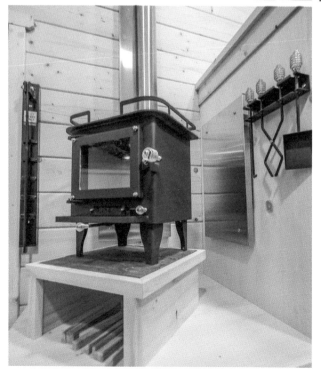

Into his noteworthy features there are:
Interior panelling is Pine T&G and coated with a clear Varathane, exterior siding is a mix of cedar and steel.
Rear flip up deck is aluminum framed w/ cedar boards. Size is 8'5" wide by 4' deep. Flips up and locks into place when travelling.
Complete off grid solar system.

Características principales:
Los paneles interiores son de pino T&G y están recubiertos con Varathane transparente; el revestimiento exterior es una mezcla de cedro y acero.
La cubierta trasera abatible es de aluminio con paneles de cedro. El tamaño es de 8'5" de ancho por 4' de profundidad. Se levanta y se bloquea cuando se desplaza.
Sistema solar completo fuera de la red.

Aspen Tiny Home

www.borealistinyhomes.com

Borealis Tiny Homes - Marco Giroux

Photos © Borealis Tiny Homes

18.58 m² | 200 sq ft

The Aspen Tiny Home is the definition of luxury micro living. Built in the heart of BC, this outstanding home is specifically designed for northern living.

On a 24' custom built trailer sits a structure built with SIPs (Structure Insulated Panels) that encloses 200 sq ft of living area (lower level), and an upper level that is a 68 sq ft loft. This home is surrounded with modern conveniences and also enjoys a tiny footprint. Special care was taken to source local supplies where possible – locally milled aspen for interior siding and loft, cedar siding, metal roofing, engineered hardwood flooring, and bamboo countertops.

La mini casa Aspen define perfectamente una vida de lujo micro. Construida en el corazón de la Columbia Británica, este excepcional hogar está diseñado específicamente para la vida norteña.

En un remolque personalizado de 7,3 m se encuentra una estructura construida con paneles de composición aislada que encierra 18,58 m² de área habitable (nivel inferior) y un nivel superior que es un *loft* de 6,3 m². Esta casa cuenta con todas las comodidades, además de crear un bajo impacto ambiental. Se tuvo especial cuidado de obtener suministros locales donde fuese posible: álamo molido localmente para revestimientos interiores y para el *loft*, revestimientos de cedro, techos de metal, suelos de madera dura de ingeniería y encimeras de bambú.

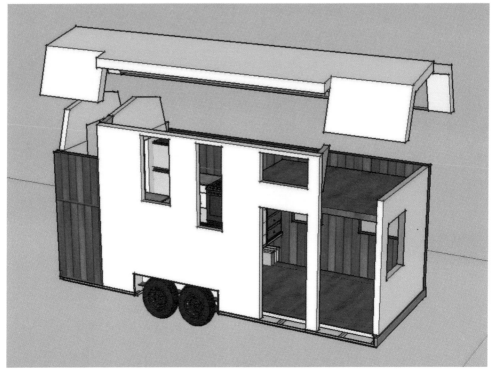

The Aspen comes equipped with full size appliances, and space for dishwasher or washer/dryer combo. The unit is illuminated with LED lighting throughout. Heating is in the floor with radiant heating, with an additional Lunos E2 heat recovery system and a gel fuel fireplace. Hot water is on demand and optional composting toilet built in.

La casa Aspen viene equipada con electrodomésticos completos y espacio para lavavajillas o lavadora/secadora combinados. Está iluminada con LED. Posee calefacción radiante en el suelo, con un sistema adicional de recuperación de calor Lunos E2 y una chimenea de combustible en gel. El agua caliente va por encargo y, opcionalmente, se puede tener un inodoro de compostaje integrado.

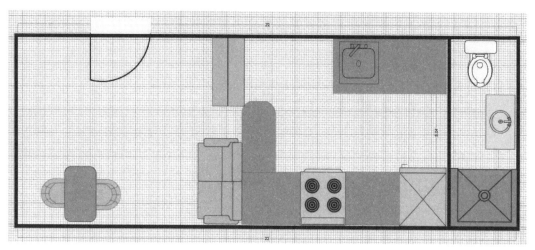

Floor plan

Everything about the Aspen has been carefully selected to be environmentally friendly and energy saving so you will be able to reduce your carbon footprint, while still maintaining modern luxury living.

Todo en la Aspen se ha seleccionado cuidadosamente para que sea ecológico y ahorre energía, por lo que el usuario podrá reducir la huella de carbono y, al mismo tiempo, mantener una vida moderna de lujo.

Escape One

www.escapetraveler.net

Escape Homes - Dan Dobrowolski

Photos © Escape Homes

25.64 m² | 276 sq ft

Highlighted by an exterior of Shou Sugi Ban (the Japanese technique of charred siding), the 276-square-foot tiny home on wheels features a sleeping loft and a raw, zen-like interior that can translate into a number of uses for its owner.

A large picture window draws the outdoors in and the pine kitchen features space-saving elements of an under-counter refrigerator, hideaway sink and stove, and upper shelving.

The expansive first -floor area underneath the loft is ideal for an office, living area, bedroom or library. A built-in closet and pull-out drawers are incorporated into the stairs that lead to a second floor with five-foot ceilings and and a panorama of windows that open.

The spacious bathroom features a 36" tub/shower and designer sink and toilet and queen, full or twin beds, flatscreen TV with Blu-ray, stone counter top, USB outlets, cellular shades, exterior shower, are additional options.

Destacado por un exterior de Shou Sugi Ban (técnica japonesa de revestimiento carbonizado), la mini casa sobre ruedas de 25.64 metros cuadrados cuenta con un *loft* para dormir y un interior tipo zen que se puede traducir en una serie de usos para su propietario.

Un gran ventanal dibuja el exterior, y la cocina de pino cuenta con elementos que ahorran espacio, como una nevera debajo de la encimera, un fregadero y una estufa escondidos, y estantes en las partes superiores.

El amplio espacio del primer piso debajo del *loft* es ideal para una oficina, sala de estar, dormitorio o biblioteca. Un armario empotrado y cajones extraíbles están incorporados en las escaleras que conducen a un segundo piso con techos de cinco pies (aprox. metro y medio) y un panorama de ventanas que se abren.

El amplio baño cuenta con una bañera/ducha de 36" y un lavabo e inodoro de diseño y, como opción adicional, tiene camas dobles o individuales, TV de pantalla plana con Blu-ray, encimera de piedra, tomas USB, persianas móviles y ducha exterior.

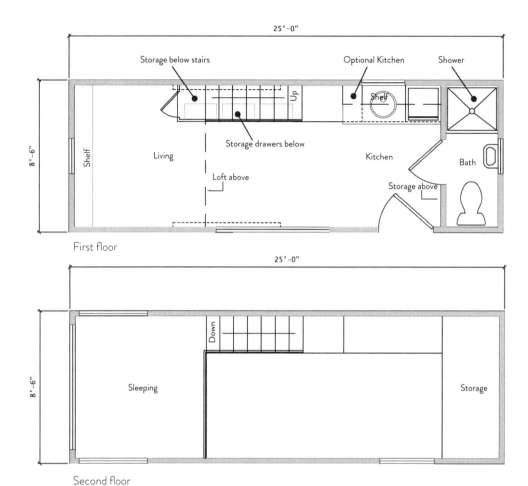

25'-0"

Storage below stairs   Optional Kitchen   Shower

Up

Shelf

Shelf

8'-6"

Living

Storage drawers below

Loft above

Kitchen

Storage above

Bath

First floor

25'-0"

Down

8'-6"

Sleeping

Storage

Second floor

Power usage is minimal and ESCAPE One water, power and utility hook-up takes just minutes, enabling it to travel with the whim of its owner.

Escape One can sleep up to four people, is easily transported via its own trailer, and is crafted with high-efficiency insulation and climate control options that allow it to withstand extreme heat or cold.

El consumo de energía es mínimo y la instalación de servicios de agua y energía de ESCAPE One tarda solo unos minutos, lo que le permite desplazarse según se le antoje al propietario.

Escape One puede alojar hasta cuatro personas, se transporta fácilmente gracias a su propio remolque y está diseñado con aislamiento de alta eficiencia y opciones de control climático que le permiten soportar calor o frío extremos.

Silver Lake

www.bbtinyhouses.com

B&B Tiny Houses

Photos © B&B Tiny Houses

32' long, including a 2' overhang

Serenity and spacious beauty define the Silver Lake recreation area in the Berkshire Mountains of Massachusetts. The Silver Lake is an RVIA-certified tiny house on wheels outstandingly spacious, offering a first-floor bedroom and large living room that feels as large as the sprawling natural scenes of the Berkshires.

Uniquely, the roof tilts toward the rear side of the house, so rainwater and debris won't sit in the valley. Rainwater can be collected behind the house. The front door opens into the living room, which is luxuriously large for a tiny house. A built-in banquette sofa lines the walls at the end, and hides storage underneath. A flat-screen TV hangs in the corner with more storage underneath.

La serenidad, el espacio y la belleza definen el área recreativa de Silver Lake en las Montañas Berkshire de Massachusetts. La Silver Lake es una mini casa con ruedas certificada por la Asociación de la Industria de Vehículos Recreativos, extraordinariamente espaciosa, que ofrece un dormitorio en el primer piso y una gran sala de estar que parece tan grande como los inmensos escenarios naturales de las Berkshire. Excepcionalmente, el techo se inclina hacia el lado posterior de la casa, por lo que el agua de lluvia y la suciedad no caerán al valle; se recogen detrás de la casa. La puerta de entrada se abre a la sala de estar, la cual es fastuosamente grande para una mini casa. Un sofá diván integrado cubre la pared al fondo y oculta el espacio para almacenamiento que hay debajo. Un televisor de pantalla plana cuelga de la esquina.

3D sections

The breakfast nook with a large picture window leads to the kitchenette with upper and lower cabinets, a full-sized fridge, sink, and a propane three-burner stove and oven.

El rincón del desayuno con un ventanal conduce a la cocina, que cuenta con armarios superiores e inferiores, una nevera de tamaño completo, fregadero, una encimera de propano de tres fogones y un horno.

The bathroom is accessed through the kitchen and is efficiently designed with a shower, sink, and a macerating toilet. Luxurious details include subway tiling with accent glass and a rain shower head. The bedroom is separated from the rest of the house by a sliding barn door. It has a queen size bed with storage drawers underneath. A full-size closet provides additional storage.

Al baño se accede a través de la cocina y está diseñado de manera eficiente con ducha, lavabo y un inodoro de compostaje. Los lujosos detalles incluyen azulejos blancos brillantes y una alcachofa de ducha con chorro de lluvia. El dormitorio está separado del resto de la casa por una puerta rústica corredera. Tiene una cama de matrimonio con cajones debajo. Un armario completo proporciona almacenamiento adicional.

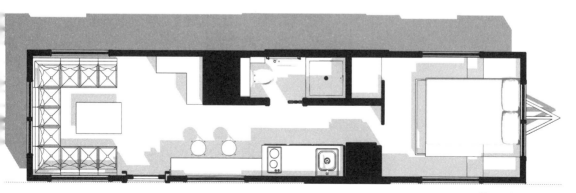

Floor plan

Millenial Tiny House

www.buildtiny.co.nz

Build Tiny Limited - Gina Stevens

Photos © Jemma Wells Photography

17 m² | 183 sq ft

7.2m Long x 2.4m Wide

The Millennial Tiny House is the flagship build of tiny house building company - "Build Tiny". One of it's unique features is the dedicated home-office stacked cleverly over the kitchen. When sitting at the desk, there's a foot-well to drop your legs down into, meaning you can sit on the special legless floor chair, and work comfortably while enjoying the garden views. The desk has built-in storage and concealed USB power-points for charging devices. The office is accessed by a quirky wall mounted ladder that requires a step up onto the kitchen bench-top. The main sleeping loft is accessed by an ingenious retractable sliding staircase. It pulls out from the wall and locks into place, and can be tucked away when not in use. Below the sleeping loft is the bathroom and laundry, thousands of people have toured this home, and all exclaim how spacious the bathroom feels. It features a handcrafted 'Bambooloo' composting toilet, full-size shower and vanity, wardrobe, open shelving and washing machine.

La Millennial Tiny House es la creación principal de la empresa de construcción de mini casas "Build Tiny". Una de sus características únicas es su despacho, inteligentemente apilado sobre la cocina. Al sentarse en el escritorio, hay un espacio para introducir las piernas, lo que significa que puede sentarse en la silla especial sin patas y trabajar cómodamente mientras disfruta de las vistas del jardín. El escritorio tiene un almacenamiento incorporado y tomas de corriente USB ocultas para cargar dispositivos. Se accede a la oficina por una original escalera montada en la pared que requiere un escalón hacia la cocina. Al *loft* dormitorio principal se accede por una ingeniosa escalera corredera retráctil. Se saca de la pared y se bloquea para subir, y puede guardarse cuando no se esté utilizando. Debajo del *loft* está el baño y el lavadero; muchas personas han recorrido esta casa y todos exclaman qué espacioso parece el baño. Cuenta con un inodoro de compostaje artesanal 'Bambooloo', ducha y tocador completo, armario, estantería y lavadora.

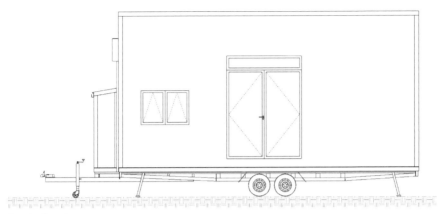

South elevation

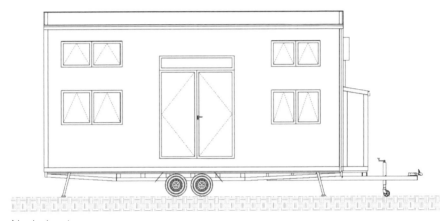

North elevation

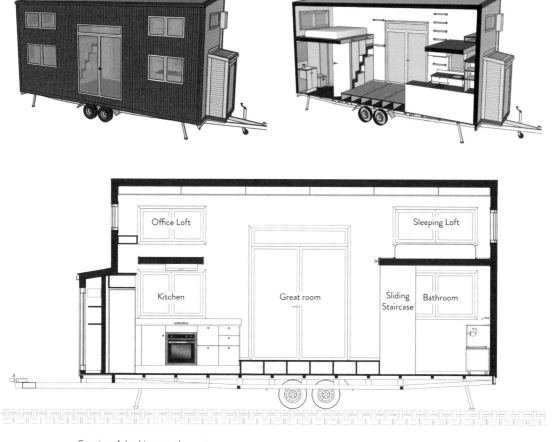

Section A looking north

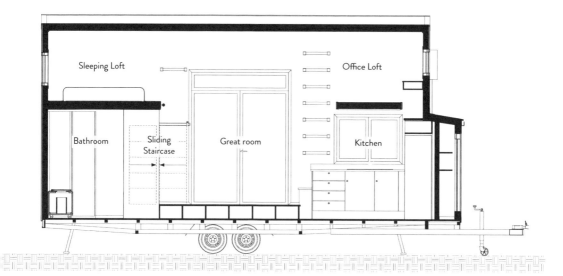

Section B looking south

Ground floor plan

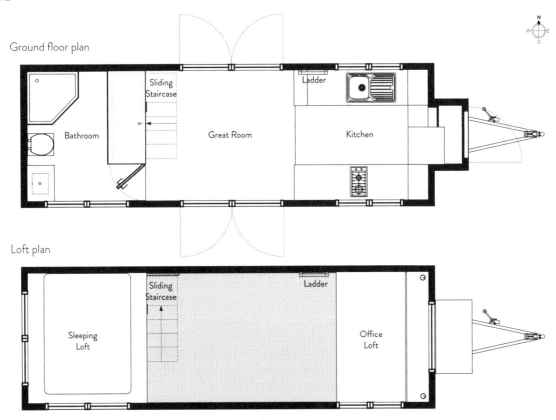

Loft plan

Caracole

www.tinyhouse-escampette.fr

Escampette - Benjamin Mercier

Photos © Benjamin Mercier

19 m² ‖ 204.51 sq ft

6.6m Long x 2.55m Wide x 4.10m heigh

In 2012, "mobile homes" from the US arrived in France and have since grown in number. The process of habitat destruction has encouraged a desire to return to nature, to a simple and basic way of life. A well-designed mobile home is the essence of modern comfort in a 162 sq ft trailer. In addition, real estate prices in southern France are pushing consumers to look for more affordable alternatives.

The housing offer until then had been very inadequate in PACA (Provence-Alpes-Cote d'Azur). Two young entrepreneurs took a risk on this new concept of housing. After a year of work, and the release of a prototype, Benjamin Mercier, who is passionate about construction and ecology, launched his company "Escampette" at the beginning of 2018. The company based in Cavaillon, is not only found in the PACA region and has spread throughout the country.

Escampette's first achievement was Caracole, which was designed to offer maximum space and luminosity. It was made to incorporate a modern and clean fireplace that was also warm and functional.

En 2012, las "casas móviles" procedentes de EEUU llegaron a Francia. Desde entonces, han crecido en número de producción. Tras el proceso de reducción del hábitat, a menudo existe el deseo de regresar a la naturaleza, a las cosas simples y básicas. Una casa móvil bien diseñada es la esencia de la comodidad moderna en un remolque de 15 m². Además, los precios inmobiliarios en el sur de Francia están empujando a los consumidores a buscar alternativas más asequibles.

La oferta hasta entonces, era muy insuficiente en PACA (Provenza-Alpes-Costa Azul). Dos jóvenes empresarios apostaron por este nuevo concepto de vivienda. Después de un año de trabajo, y la realización de un prototipo, Benjamin Mercier, un apasionado de la construcción y la ecología, lanza a principios de 2018 su empresa: Escampette. La compañia, con sede en Cavaillon, no solo se encuentra en la región de PACA, su alcance se ha extendido por todo el país.

La primera realización de Escampette, Caracole, ha sido diseñada para ofrecer el máximo espacio y luminosidad. Fue diseñada para incorporar una chimenea moderna y limpia, pero cálida y funcional.

With 204.5 sq ft (loft included) and 3.20m height, this small house offers the convenience of a studio, but on wheels.

Con 19 m² (*loft* incluido) y sus 3,20 m de altura, esta pequeña casa ofrece la comodidad de un estudio, pero sobre ruedas.

Constructive details

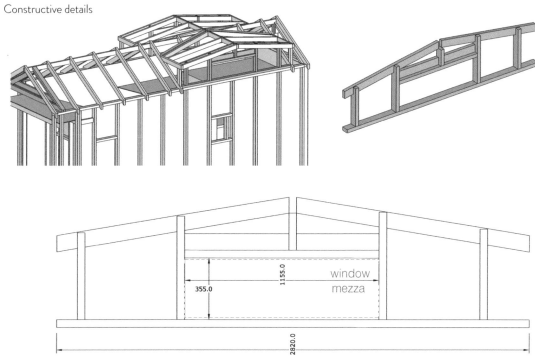

1155.0

355.0

window
mezza

2820.0

Environmentally friendly materials:
- Wood fibre insulation (10cm thick)
- Thermally treated poplar cladding from Vosges
- Saturator applicator
- Oak parquet
- Interior birch panels
- Bacacier cover (anti-condensation felt)
- Aqueous-phase paints

Materiales sanos y ecológicos:
- Aislamiento en fibra de madera (espesor 10 cm)
- Revestimiento en álamo tratado térmicamente de Vosges
- Aplicación de un saturador
- Parquet de roble
- Panel de paneles interiores y paneles de abedul
- Cubierta Bacacier (fieltro anticondensación)
- Pinturas de fase acuosa

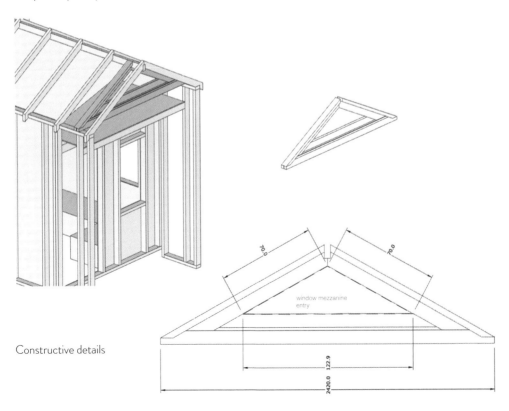

Constructive details

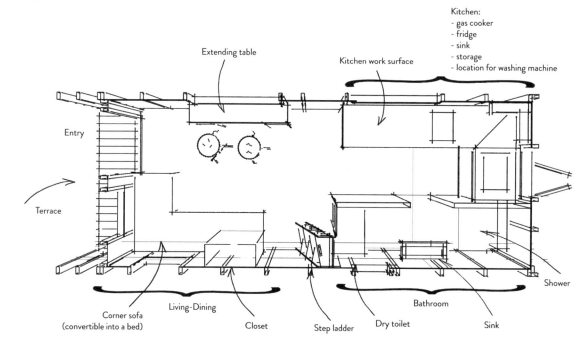

Kitchen:
- gas cooker
- fridge
- sink
- storage
- location for washing machine

Extending table

Kitchen work surface

Entry

Terrace

Shower

Corner sofa
(convertible into a bed)

Living-Dining

Closet

Step ladder

Dry toilet

Bathroom

Sink

Ground floor plan

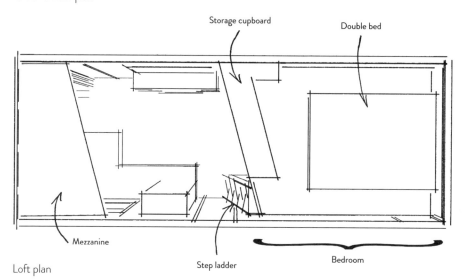

Storage cupboard

Double bed

Mezzanine

Step ladder

Bedroom

Loft plan

Equipment:
- Air extractor
- 40L water heater (booster function)
- Cooking plate with 2 burners
- Refrigerator not delivered
- 1500W electric heater
- 8 lighting points
- 5 points of entrance
- 9 wooden double-glazed windows

Equipamiento:
- Extractor de aire
- Calentador de agua 40L (función de refuerzo)
- Placa de cocina con 2 fuegos
- Nevera no entregada
- Calentador eléctrico de 1500 W
- 8 puntos de luz
- Puerta de entrada 5 puntos
- 9 ventanas de doble acristalamiento de madera

Absolute Tiny House

www.absolutetinyhouses.co.nz

Absolute Cabins & Tiny Houses

Photos © Absolute Cabins & Tiny Houses

7.8m Long x 2.4m Wide

At Absolute Tiny Houses they strive to create the perfect Floor Plan, Layout, Size and Colour scheme to cater for your family's needs. Everything is customisable and they work closely with their clients through the design process to make sure that they are happy with every little detail.

Being perfectionists they aim for a tasteful and modern, or rustic and homely interior with timeless neutral colours that can be easily dressed and accented with style or latest trends.

They provide the cosy feel of soft warm carpet, functionality of a beautiful Kitchen and bathroom, and a vast variety of LED lighting (warm, cool and coloured) to create the perfect atmosphere.

En Absolute Tiny Houses se esfuerzan por crear el espacio, diseño, tamaño y combinación de colores perfectos para satisfacer las necesidades de cada familia. Todo es personalizable y trabajan estrechamente con el cliente a lo largo del proceso de diseño para asegurarse de que quede satisfecho con cada pequeño detalle.

Son perfeccionistas, buscan un interior elegante y moderno, o rústico y hogareño, con colores neutros atemporales que se puedan decorar y acentuar fácilmente con estilo o con las últimas tendencias.

Proporcionan una sensación acogedora con una suave y cálida, la funcionalidad de una hermosa cocina y baño, y una amplia variedad de iluminación LED (cálida, fresca y de color) para crear la atmósfera perfecta.

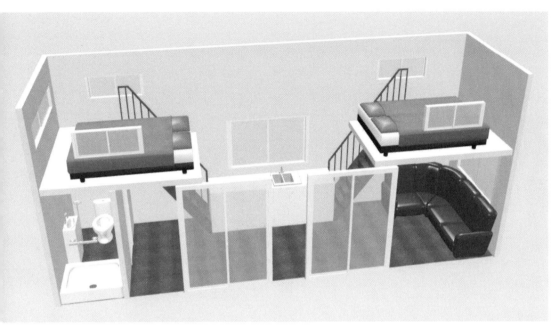

3D plan

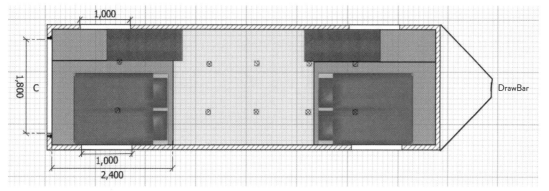

1,000

1,800

C

1,000

2,400

DrawBar

Top floor plan

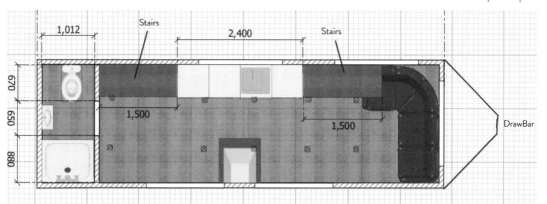

1,012

Stairs

2,400

Stairs

670

650

880

1,500

1,500

DrawBar

Ground floor plan

Jyubako

www.kkaa.co.jp

Kengo Kuma and Associates

Photos © Kengo Kuma and Associates

13 m² ‖ 139.93 sq ft

Jyubako is a trailer house (mobile home) developed and produced by KKAA and snow peak, a Japanese manufacturer for outdoor goods. For the designing of a trailer house, there are regulatory requirements to be cleared in its size and weight, so to make the living place spacious, they set the door that can be kept open.
It is a proposal for another nomadic lifestyle.

Jyubako es una casa rodante (casa móvil) desarrollada y producida por KKAA y Snow Peak, un fabricante japonés de artículos para exteriores. Para el diseño de una casa de remolque, existen requisitos reglamentarios que deben aclararse en cuanto a su tamaño y peso, por lo que para hacer que el espacio habitable sea espacioso, incorporaron una puerta que puede mantenerse abierta. Es una propuesta para un estilo de vida nómada.

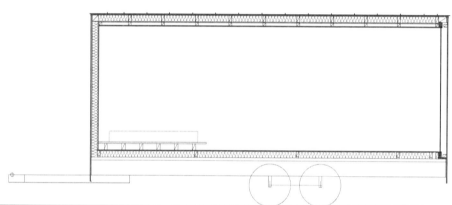

Section

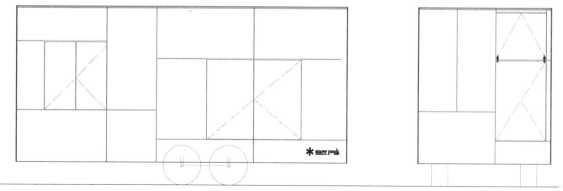

Elevations

RoadHaus Wedge RV

www.wheelhaus.com

WheelHaus - Jamie Mackay

Photos © Krafty Photos

14.86 - 22.29 m² ‖ 160 - 240 sq ft

Wheelhaus RoadHaus Wedge RV is a smaller version of the company's popular 400 square foot Wedge model. Available from 160 to 240 square feet, RoadHaus offers a living room big enough for a couch, TV and fireplace; a kitchen complete with cabinets, countertop, sink, stove top and refrigerator; a full bathroom; and a bedroom large enough for a Queen bed. Plus, RoadHaus comes standard with a covered outdoor deck offering outdoor living space protected from sun and inclement weather.
Windows run the length of the RoadHaus to let in an abundance of natural light while being thoughtfully placed to allow privacy. Ceiling heights angling up from 9 feet in the bedroom to over 10 feet in the living room give the space an expansive feeling. An over-sized glass door connecting the living room to the outdoor deck adds to the feeling of spaciousness.

RoadHaus Wedge RV es una versión más pequeña del conocido modelo Wedge de 37 m² de la compañía. Disponible desde 15 a 22 m², RoadHaus ofrece una sala de estar lo suficientemente grande como para un sofá, TV y chimenea; una cocina completa con armarios, encimera, fregadero, vitrocerámica y nevera; un baño completo; y un dormitorio para una cama de matrimonio. Además, RoadHaus viene de serie con una cubierta abierta al aire libre protegida del sol y las inclemencias del tiempo.
Las ventanas a lo largo de RoadHaus permiten la entrada de mucha luz natural mientras resguardan la privacidad. Las alturas de techo, desde 2,7 metros en el dormitorio a más de 3 metros en la sala de estar, dan al espacio una sensación de amplitud. Una puerta de cristal de gran tamaño que conecta la sala de estar con la terraza al aire libre aumenta esta sensación.

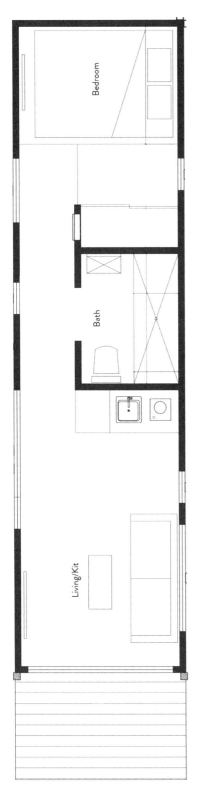

Floor plan

Tiny House Lumen

www.tinyhouselumen.fr

www.facebook.com/TinyHouseLumen/

Tiny House France

Photos © Tiny House France

14.3 + 4 m² (loft) ⏐ 153.92 + 43 sq ft

Tiny House "Lumen" which means Latin light refers to the bright side of the concept of Tiny House, an alternative housing that is found to be economical, ecological and ingenious.

The construction of the Tiny House started in January 2017. Being new to the subject, he started its design without much knowledge. Subsequently, the interest for wood construction came, so he trained to do his job. The construction of the tiny had become a very good subject of learning, but also a huge challenge. After many weekends spent at her construction, she was finished in April 2018. Today that I make available to the travelers the Tiny House Lumen in order to share a simpler and minimalist way of life.

Tiny House "Lumen", que significa luz en latín, se refiere al lado positivo del concepto de Tiny House, una vivienda alternativa que se considera económica, ecológica e ingeniosa.

La construcción de la mini casa comenzó en enero de 2017. Siendo nuevo en el tema, comenzó su diseño sin mucho conocimiento. Posteriormente, surgió el interés por la construcción de madera, así que se entrenó para hacer su trabajo. La construcción de la mini casa se había convertido en un muy buen tema de aprendizaje, pero también un gran desafío. Después de pasar muchos fines de semana en su construcción, se terminó en abril de 2018. Actualmente la pequeña "Lumen" está a disposición de los viajeros para compartir una forma de vida más simple y minimalista.

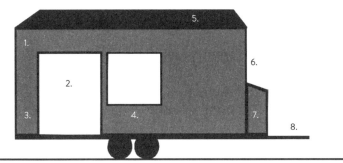

Elevation

Fir wood frame 95/45
Door and three large aluminum sliding windows
Thermo-heated poplar cover
Sheep wool insulation for the floor, linen, cotton and hemp for walls and wood fiber for the roof
Slate colored steel cover with anti-condensation felt
Two small wooden casement windows for the loft and bathroom
A chest for extra storage
A trailer of 7.2 m with a gross weight of 3.5 t

1. Marco de madera de abeto 95/45
2. Puerta y tres grandes ventanas correderas de aluminio
3. Revestimiento de álamo termocalentado
4. Aislamiento de lana de oveja para el suelo, lino, algodón y cáñamo para las paredes y fibra de madera para el techo
5. Cubierta de acero de color pizarra con fieltro anticondensación
6. Dos pequeñas ventanas abatibles de madera para el loft y el baño
7. Un arcón para almacenamiento extra
8. Un remolque de 7,2 m con un peso bruto de 3,5 toneladas